Урок образотворчого мистецтва

Автор Амані Удуман

Library For All Ltd.

Урок образотворчого мистецтва

Це видання опубліковано у 2022 році

Опубліковано Library For All Ltd
Електронна пошта: info@libraryforall.org
URL-адреса: libraryforall.org

Урок образотворчого мистецтва
Удуман, Амані
ISBN: 978-1-922918-20-8
SKU03440

Урок образотворчого мистецтва

Я можу малювати.

Я можу фарбувати.

Я можу штампувати.

Я можу складати.

Я можу клеїти.

Я можу різати.

Я можу ліпити.

Я можу шити.

Я можу нанизувати.

Я можу робити
багато усього!

Скористайся цими запитаннями, щоб обговорити книгу з сім'єю, друзями і вчителями.

Чому тебе навчила ця книга?

Опиши цю книгу одним словом. Смішна? Моторошна? Кольорова? Цікава?

Що ти відчуваєш після прочитання цієї книги?

Яка частина цієї книги найбільше тобі сподобалась?

Про автора

Амані Удуман мігрувала в Австралію зі Шрі Ланки у п'ятирічному віці разом зі своєю родиною. Вона навчалася в Університеті Дікіна, Мельбурн, де отримала науковий ступінь у педагогіці. Незважаючи на те, що вона заклопотана мати трьох малюків, вона полюбляє писати оповіді у вільний час. Їй також подобається читати оповіді для дітей — химерні, творчі та веселі.

Тобі сподобалась ця книга?

В нас є ще сотні унікальних оповідань, ретельно відібраних фахівцями.

Щоб забезпечити дітей у всьому світі доступом до радості читання, ми тісно співпрацюємо з авторами, педагогами, консультантами в сфері культури, представниками влади та неурядовими організаціями.

Чи відомо тобі?

Ми досягаємо глобальних результатів у цій царині, дотримуючись Цілей сталого розвитку Організації Об'єднаних Націй.

library for all.org